꼬리에 꼬리를 무는
고려 권력
쟁탈기

재미만만 한국사 11
꼬리에 꼬리를 무는 고려 권력 쟁탈기

초판 1쇄 발행 2020년 9월 23일 | 초판 15쇄 발행 2025년 4월 21일

글 오주영 | 그림 박정인 | 감수 하일식

발행인 윤승현 | 편집장 안경숙 | 기획 안경숙, 구름돌 | 편집 및 디자인 구름돌
디자인 포맷 구름돌, 민트플라츠 송지연 | 마케팅 정지운, 박현아, 원숙영, 김지윤, 황지영 | 제작 신홍섭

펴낸곳 (주)웅진씽크빅 | 주소 경기도 파주시 회동길 20 (우)10881
문의전화 031)956-7440(편집), 031)956-7569, 7570(마케팅)
홈페이지 www.wjjunior.co.kr | 블로그 blog.naver.com/wj_junior
트위터 @new_wjjr | 인스타그램 @woongjin_junior
출판신고 1980년 3월 29일 제406-2007-00046호. | 제조국 대한민국 | 사용연령 7세 이상

글ⓒ오주영, 2020 | 그림ⓒ박정인, 2020
저작권자와 맺은 특약에 따라 검인을 생략합니다.

웅진주니어는 (주)웅진씽크빅의 유아·아동·청소년 도서 브랜드입니다.
이 책은 저작권법에 의해 한국 내에서 보호를 받는 저작물이므로 무단전재와 복제를 금하며,
이 책 내용의 전부 또는 일부를 이용하려면 반드시 저작권자와 (주)웅진씽크빅의 서면 동의를 받아야 합니다.

ISBN 978-89-01-24414-3 · 978-89-01-24403-7(세트)

잘못 만들어진 책은 바꾸어 드립니다.
▲주의 1. 책 모서리가 날카로워 다칠 수 있으니 사람을 향해 던지거나 떨어뜨리지 마십시오. 2. 보관 시 직사광선이나 습기 찬 곳은 피해 주십시오.

꼬리에 꼬리를 무는 고려 권력 쟁탈기

글 오주영 | 그림 박정인

웅진주니어

재미만만 한국사
고려
차례

1 6~27쪽
잘나가는 문벌 귀족

이름: 이자겸
신분: 문벌 귀족
특기: 뇌물 받기

좋은 집안에서 태어난 덕에 과거도 안 보고 관리가 되고, 땅도 물려받은 금수저. 왕이 되고픈 욕심에 손자를 죽이려 한다.

2 28~49쪽
개경파와 서경파의 줄다리기

이름: 정지상
직업: 관리
고향: 서경(평양)

시를 잘 짓고, 바른말도 잘해서 인종에게 예쁨을 받는다. 개경 출신 귀족들과는 사이가 안 좋지만, 서경 출신 묘청 스님과는 잘 지낸다.

3 무신 세상이 되다
50~77쪽

이름: 정중부
직업: 장군
특기: 칼싸움

큰 칼을 옆에 차고, 수염을 만지는 자기 모습이 멋지다고 생각한다. 자기의 수염에 흠집을 내면 절대 참지 않는다.

4 권문세족이 득실득실
78~105쪽

이름: 공민왕
성격: 완벽주의
좌우명: 고려를 바꿔 보자!

일에서는 철두철미하고 물러섬이 없지만 사랑하는 여인, 노국 대장 공주 앞에서는 한없이 부드러운 로맨티시스트.

1 잘나가는 문벌 귀족

내가 누구인 줄 아니?
사람들은 나만 보면 고개를 조아리지.
또 나를 부러워하는 사람이 얼마나 많다고.
"저 도련님은 날마다 비단옷을 입고 고기반찬만 드시겠지?"
"고려에서 손꼽히는 문벌 귀족인데 당연하지."
그래, 나는 경원 이씨 집안의 이자겸이야.
아주 잘나가는 집안에서 태어났어.
우리 할아버지의 할아버지 때부터
높은 벼슬만 줄줄이 했던
집안이란 말이지.

문벌 귀족이 뭐냐고?
우리 경원 이씨 집안처럼
대대로 높은 관리가 나와서
대대로 큰 권력을 휘두르고
대대로 넉넉히 사는 집안.
이런 집안이 문벌 귀족이야.
우리 집을 한번 볼래?
내가 사는 기와집은 으리으리하고,

곳간을 열면 쌀이 가득가득해.

게다가 일하는 노비들은 얼마나 많다고.

나는 아주 쉽게 나랏일을 하는 관리가 되었어.
어떻게 관리가 되었냐면 말이지…….
처음에는 과거 시험을 보려고 했어.
다른 집안 녀석 하나가 과거 시험에 떡하니 붙었다고
온 동네가 들썩였거든.
아무리 친구라도 나보다 잘나가는 건 참을 수 없었어.
"쳇! 나도 과거에 합격해 관리가 될 거야."

고려에서 관리가 되는 법은
크게 두 가지야. 바로 이렇게!

관리가 되는 법

1. 과거 시험에 붙는다.
2. 음서제로 나간다.

과거 시험에 붙기

과거는 관리가 될 사람을 고르는 무지 어려운 시험이야.
"나도 한다, 과거 합격!"
내 결심에 친구들이 깜짝 놀라더군.
"진짜? 자겸이 네가 과거 공부를 한다고?"
"자겸아, 안 힘들까? 전국에서 똑똑하다는 사람들이
몰려와서 시험을 치는데……."
"엉덩이 땀나게 공부해도 붙을까 말까라더라."
모두 걱정스러운 눈빛으로 한마디씩 했지.
하지만 나는 당당히 외쳤어.
"한다니까! 나도 과거 합격해서 관리가 될 거야.
우리 할아버지도 과거에 1등으로 합격해서
관리가 된걸."

그날부터 당장 과거 공부 시작!

하지만 쉽지 않더라. 과거 보는 것은 깔끔하게 포기!
그럼 관리 되는 걸 포기한 거냐고?
훗! 나에겐 시험을 보지 않고도 관리가 되는,
두 번째 방법이 있었지.

음서제로 나가기

음서제는 조상님 덕에 관리가 되는 제도야.
나라를 세우는 데 공을 세운 집안,
높은 관리를 지낸 집안의
아들, 손자 등을 관리로 뽑아 줘.
공부를 못해도 괜찮아! 게을러도 괜찮아!
무조건 통과, 통과!
잘나가는 집안 아들들은 음서제로 쉽게 관리가 되었어.
뭐, 음서제로 들어온 관리보다
과거 시험으로 들어온 관리를 더 쳐주긴 하지만.
까짓것, 그러라지.

나는 아버지에게 달려갔어.
"아버님, 저 음서제로 관리가 되고 싶어요."
"쯧, 공부해서 과거 시험 본다기에
장하다 했더니."
"저기……, 아버님도 과거 시험 안 봤잖아요.
높은 관리였던 할아버지 덕에
아버님도 음서제로 관리가 되었……."
"어험! 알았다!"
결국 나도 음서제로 관리가 되었지.
노력은 코딱지만큼도 안 하고
그냥 휙 관리가 된 거야.
친구들이 한심해하지 않았냐고?
아니, 엄청 부러워하던데.

문벌 귀족에게 혜택이 음서제만 있는 줄 알아?
또 다른 혜택이 있는데,
그것은 바로 공음전!
높은 관리가 되면 나라에서 공음전이라는 땅을 받고,
그 땅은 아들, 손자에게 대대로 물려줄 수 있어.

잘나가는 집안에서 태어난 덕에
벼슬도 공짜로 얻고, 땅도 공짜로 물려받는 거지.
이러니 우리 문벌 귀족에게 권력이 있을 수밖에!

우리는 결혼도 아무나하고 안 해.
권력을 키우려고 끼리끼리 결혼하지.
비슷한 집안, 비슷한 지위, 비슷한 능력,
이런 걸 꼼꼼히 따져 결혼해.
힘이 있는 집안끼리 결혼해야 힘을 더 키울 수 있으니까.
나도 나에게 걸맞은 문벌 귀족 집안의
딸과 결혼했지.

자식들 결혼도 함부로 시키지 않아.
딸이 있다면 가장 바라는 결혼 상대는 왕!
왕과 내 딸이 결혼하면 왕이 사위가 되는 거지!
이러면 문벌 귀족은 왕이랑 가까워져 좋고,
왕은 문벌 귀족의 힘을 빌릴 수 있어서 좋아.
야호, 생각만 해도 짜릿해.
여기서 하나 더 우리 집안 자랑을 하자면,
내 고모들 세 분이 왕과 결혼했고 내 여동생도 왕이랑 결혼했어.
나도 자식을 낳아 둘째 딸을 왕이랑 결혼시켰지.
내 둘째 딸이 낳은 아들이 왕의 뒤를 이을 세자가 되었어.
바로 내 손자가 다음 왕이 된다는 말씀!
정말 대단하지?

이러니 문벌 귀족이 고려를 쥐락펴락 흔들 수 있었지.
으하하, 고려는 문벌 귀족 세상!

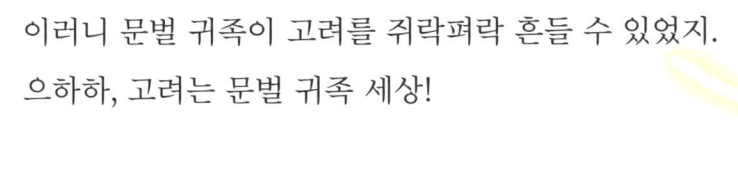

이렇게 우리 집안 힘이 날로 커져 가던 어느 날,
내 둘째 딸이 이른 나이에 죽고 말았어.
사위인 예종도 4년 뒤에 눈을 감았고.
예종의 뒤를 이어 예종의 아들, 인종이 왕이 되었어.
바로 내 손자가 왕이 된 거야!
그런데 왕의 나이가 열네 살밖에 되지 않아.
어떻게 하겠어? 외할아버지인 내가 도울 수밖에.
왕은 이제 내 손바닥 위에 있었어.
나는 셋째 딸, 넷째 딸을 인종과 결혼시키고,
어린 왕 대신 나랏일을 내 마음대로 결정했어.
그리고 친척들에게 중요한 벼슬자리를 턱턱 주었지.

뇌물을 싸 들고 온 사람들에게도 벼슬을 내주었고 말이야.

여기저기서 하도 선물을 많이 보내와 곳간이 그득했지.
고기는 썩어 나갈 정도로 많이 들어왔다니까.

그런데 손자 인종이 어른이 되고 나선
나를 호시탐탐 밀어내려고 하네?
나와 나를 따르는 이들을 없애려고 신하들이랑
계획까지 짰다잖아.
'이런 괘씸한 놈, 내가 가만히 당할 줄 알아?'
나는 내 편인 척준경 장군을 조용히 불렀지.
"척준경 장군, 왕이 우리를 없애려고 한다네.
우리가 저들을 먼저 쳐야 해."
"하하, 우리에게 덤빈다고요? 제가 혼을 내 주지요."
척준경은 기회를 엿보다 궁궐에 큰불을 질렀어.
사람들은 깜짝 놀라 궁궐에서 뛰쳐나오고
한바탕 난리가 났지.
그 틈에 척준경은 인종 편의 신하들을 모조리 없애 버렸어.
훗! 감히 나에게 덤벼?
왕이라도 나같이 힘 있는 문벌 귀족에게는 함부로 못 해!

'그러고 보니 왕 뒤에서 왕 노릇을 할 게 아니라
진짜로 내가 왕이 되면 되겠구나.'
얼마 뒤, 나는 왕을 죽일 계획까지 세웠지.
"전하, 별궁에 가 계시는 게 좋겠습니다."
그러고는 내 넷째 딸에게 조심스레 독을 건넸어.
인종에게 시집보낸 딸 말이야.
"애야, 이 독을 왕에게 먹여라."
"네, 아버님."
그런데 넷째 딸이 얌전히 대답을
해 놓고는 딴생각을 품었나 봐.
요 깜찍한 것이 독이 든 그릇을
들고 가다가 일부러 넘어져서
독을 엎어 버린 거야.
결국 내 계획은 실패하고 말았어.

휴, 나는 지금 수레를 타고 귀양을 가고 있어.
왕을 죽이려 한 죄로 말이야.
인종이 자기 외할아버지를 죽일 수 없다며
나를 멀리 보낸다지 뭐야.
쳇, 내가 왕이 될 욕심만 내지 않았어도
문벌 귀족으로 신나게 살았을 텐데.
아, 문벌 귀족으로 살았을 때가 정말 그립구나.

2 개경파와 서경파의 줄다리기

안녕? 나는 고려의 젊은 관리, 정지상이야.
요즘 좀 살맛 나는군.
나도 문벌 귀족이어서 이렇게 신이 났냐고?
아니! 나는 욕심 많은 문벌 귀족 싫어해.
내가 고향 서경을 떠나 개경으로 왔더니,
문벌 귀족이 권력을 틀어쥐고 있더라고.
그중에 최고는 이자겸의 경원 이씨 집안이었어.
이자겸 말 한마디에 고려가 이리 흔들, 저리 흔들.
그러던 이자겸이 귀양을 갔으니, 살맛 난다는 말씀!

이자겸이 귀양을 갔다고 해서 문벌 귀족이
완전히 힘을 잃은 건 아니었어.
아직까지 고려는 문벌 귀족 세상이었지.
'어휴, 자기 이익만 챙기는 문벌 귀족을 몰아내고
새로운 정치를 해야 하는데.'
나는 늘 이런 생각을 했어.
그런데 인종도 같은 생각을 하고 있었나 봐.
나를 자주 불러 속마음을 살살 털어놓지 뭐야.
"개경의 문벌 귀족은 왕인 나를 돕는 것보다
자기 집안 권력 키우기에 더 열심히 매달려.
내가 외할아버지 이자겸에게 힘든 일을 당했을 때도
눈치나 보며 우물쭈물했지."
하루는 이런 이야기도 하더군.
"문벌 귀족의 힘이 강해질수록 왕의 힘이 약해진다네.
문벌 귀족의 힘을 약하게 하고,
새롭게 시작하고 싶구나."
내 생각도 똑같았어.

어느 날, 나는 묘청이라는 스님을 알게 되었어.
나랑 같은 서경 출신으로, 신비로운 스님이었어.
마치 세상을 꿰뚫어 보는 듯했지.
하루는 묘청이 나에게 이런 말을 하더군.
"수도를 서경으로 옮겨야 합니다!"
"서경으로 꼭 옮겨야 할 이유가 있는가?"
묘청이 당당히 말했어.
"있습니다. 풍수지리 때문입니다."

풍수지리는 산과 땅, 강 등을 보고
그곳이 복을 주는 땅인지,
복을 뺏는 땅인지 알아내는 학문이야.
고려는 풍수지리를 중요하게 생각했지.
그런데 마침 묘청이 풍수지리에 아주 밝았어.
"이자겸의 난으로 궁궐이 불에 탄 것은
개경 땅의 운이 다했기 때문입니다."
"그렇지!"
"서경 땅에 왕의 기운이 있으니
서경으로 수도를 옮기는
'서경 천도'를 해야 합니다."
묘청의 말에 나도 모르게 무릎을 쳤어.
"옳지! 그 이야기를 전하께도 해 주시오."
서경 천도라니, 나는 가슴이 두근대기 시작했어.

"전하, 묘청 스님은 지혜로우니
전하의 고민을 풀어 줄 겁니다."
나는 인종에게 묘청을 소개했어.
"왕실의 기운을 북돋고 나라를 잘 다스릴
방법이 있겠소?"
인종이 묻자 묘청이 자신만만하게 대답했지.
"수도를 옮기시지요.
서경 땅의 모양을 보니 꽃 모양으로, 아주 좋은 터입니다.
서경에 궁궐을 지어 지내시면
중국의 금나라는 스스로 항복하고
주변의 여러 나라가 고려를 우러를 겁니다."
서경 천도를 말하다가 갑자기 웬 금나라 얘기냐고?
또다시 이자겸 이야기를 해야겠군.

전에 이자겸이 권력을 쥐고 있을 때였어.

이자겸이 자기 권력을 지키려고 금나라 요구를 받아들인 거야.
이렇게 고려는 금나라의 신하의 나라가 되었어.
그 일을 우리 고려 백성들이 얼마나 싫어했다고.

이런 때 서경 천도를 해서 금나라에 맞서 봐.
얼마나 많은 백성들이 반가워하겠어?
서경은 금나라에 맞서기에도
안성맞춤 자리야.
개경보다 북쪽에 있어서
북으로 땅을 넓혀 나가기 좋았거든.

말 나온 김에 서경 천도를 하면 좋은 점을 알려 줄게.

첫째, 세계로 뻗어 나갈 수 있어.

아까 말했지?
서경이 북으로 땅을 넓혀 나가기 좋다고.
고려 땅을 넘어 멀리멀리 뻗어 나가는 고려.
설레지 않니?

둘째, 왕권을 강화할 수 있어.

수도를 서경으로 옮기면
개경에 뿌리를 둔 문벌 귀족의 힘이 약해져.
왕은 개경 귀족의 간섭에서 벗어나
왕권을 강화할 수 있어.

셋째, 새로운 관리들에게 길이 열려.

왕이 서경으로 가면 개경 귀족을 멀리하고
새로운 신하들을 더 가까이하겠지?
그러면 우리 같은 개경 밖 출신 관리들에게도
기회가 올 수 있어.

나는 눈을 반짝이며 인종을 바라보았어.
얘기를 듣던 인종의 눈도 반짝이고 있었지.
인종 마음이 내 마음, 내 마음이 묘청 마음.
서경 천도를 하면
왕권 강화를 바라는 인종의 꿈도,
문벌 귀족을 털어 내고픈 내 꿈도
다 이루어질 거야!

"풍수지리를 보면 서경이 좋단 말이지?
어디, 내가 직접 서경을 둘러보겠다."
인종과 나는 묘청과 함께 서경으로 갔어.
"전하, 이곳에 궁궐을 지으시지요.
여기에서 고려를 다스리시면
좋은 일이 많이 생길 겁니다."
묘청이 서경의 한 곳을 콕 찍었고,
인종도 마음에 들어 했지.

그런데 개경의 문벌 귀족이 그 소식을 듣고 난리가 났어.
"이러다 수도를 서경에 빼앗기는 거 아니에요?"
"그럼 개경에 사는 우리는 어찌합니까?"
개경 문벌 귀족 중 한 명인 김부식이 나섰어.
"우리가 똘똘 뭉쳐 서경 천도를 막아야 해요."

"고려의 수도는 무조건 개경이다!"
이렇게 주장하던 귀족들이 개경파야.
나와 묘청 등도 똘똘 뭉쳤어.
"고려는 수도를 서경으로 옮겨야 해!"
이렇게 주장하던 우리가 바로 서경파야.

인종이 뜻을 정했는데 문벌 귀족이라고 어찌할 수 있겠어?
결국 서경에 궁궐을 짓기 시작했지.
그러자 개경파는 마음이 급해져 틈만 나면 서경을 깎아내렸어.
"전하, 서경으로 천도를 하다니 말도 안 됩니다."
"서경으로 천도해 큰 나라인 금나라랑 싸우려고요?
그러다 고려만 다칩니다."
그런데 일이 꼬이기 시작했어.
　　　서경에 있는 어느 절의 탑에 불이 난 거야.
　　　개경파는 기다렸다는 듯 입방아를 찧었어.
　　　"전하, 보십시오. 그 좋다는 서경에 왜 불이 납니까?"
　　　"땅의 운이 다해 개경의 궁궐이 불탔다더니,
　　　　서경의 운도 다한 거 아닙니까?"
　　　　　인종은 개경파 등쌀에 서경 천도를 결정하지 못하고
　　　　　　　　우물쭈물 갈팡질팡했어.

한번은 이런 일도 있었어.
인종이 서경으로 가던 길에 갑자기 날씨가 나빠졌지.
"비가 쏟아져 앞이 안 보입니다!"
"바람이 너무 거셉니다!"
신하들이 우왕좌왕하는 사이
인종이 탄 말이 멋대로 달리지 뭐야!
"으아악, 멈춰라!"
결국 말은 진득진득한 진창에 빠졌고,
인종은 진흙투성이가 되고 말았지.
이런 일이 계속 일어나니까 나는 너무 불안했어.
'왕께서 마음을 바꾸면 어쩌지?
이러다 서경 천도를 못 하는 거 아니야?'

역시나 개경파는 기다렸다는 듯이 인종을 몰아붙였어.
"전하, 묘청은 거짓말쟁이입니다."
"서경이 좋은 땅이란 말도 새빨간 거짓말이에요.
좋은 땅이라면 거기서 왜 불이 납니까?"
"하늘이 서경으로 가는 걸 막는 겁니다.
전하, 고려의 수도는 개경뿐입니다."
"자네들의 생각이 그렇다니 서경 천도 계획을 멈추겠다."
이런, 결국 인종이 마음을 바꾸고야 말았어!

서경파는 풀이 푹 죽었어.
묘청도 어느 날부터인가 보이지 않았고.
그런데 얼마 뒤, 날벼락 같은 소식이 들려왔어.
묘청이 사람들을 모아 서경에서 반란을
일으켰다지 뭐야!
심지어 서경에 새 나라를 세우고는 왕의 자리를
비워 둔 채 인종에게 이런 편지를 보냈어.

이럴 수가!
나는 몸이 덜덜 떨리더군.
개경파가 어떻게 나올지 불 보듯 뻔했거든.
이참에 서경파를 완전히 정리하려 하겠지…….

내 예상대로 개경파 우두머리 김부식은 목소리를 높였어.
"누가 감히 왕을 오라 가라 합니까?
묘청을 없애야 합니다!"
인종은 고민 끝에 허락했어.
"그러시오, 김부식 대감. 대감이 총사령관을 맡아 주시오."
나는 아무 말도 못 했어.
서경파는 죄다 죄인처럼 고개만 푹 숙이고 있었지.
이 마당에 우리가 무슨 말을 할 수 있겠어……

총사령관이 된 김부식은 서경파를 몽땅 잡아들였어.
"우, 우린 모르는 일이오."
"묘청이 반란을 일으킬 줄 꿈에도 몰랐소."
나와 서경파 신하들이 파랗게 질려 말했지만
김부식은 콧방귀를 뀌었지.
"믿을 수 없다! 너희도 한패야."
서경파 신하들은 궁궐 밖으로 끌려가 사형을 당했어.
나도 이들과 함께 죽임을 당하고 말았단다.

서경파도 제거했겠다, 김부식은 거칠 게 없었어.
김부식은 군대를 이끌고 단숨에 서경으로 달려갔대.
"성을 꽁꽁 에워싸라.
짧은 시간에 저들을 끌어내지는 못하니,
식량이 바닥나기를 기다리자!"
김부식의 생각대로 모든 게 흘러갔지.
성안의 반란군은 점점 지쳐 갔고, 먹을 것도 떨어졌어.
"으윽, 배고파."
배고픔을 견디지 못한 반란군은 1년 뒤 결국 항복하고 말았어.
묘청의 난은 이렇게 끝났단다.

아, 정말 속상하다!
고려를 잡고 흔드는 문벌 귀족을 밀어내고
새로운 관리들과 새 정치를 하고 싶었는데…….
오히려 고려는 개경파 문벌 귀족의 세상이 되었어.
그렇지만 영원한 것은 없잖아?
나는 죽어서도 문벌 귀족의 시대가 지나가기를 기도하고 있어.

3 무신 세상이 되다

"이얍! 흐앗!"
내 칼 솜씨 좀 봐. 멋있지?
나는 장군 중의 장군, 정중부야.
날 건드리는 놈은 가만 안 둬!
고려를 쥐락펴락하는 문벌 귀족이라도
날 건드리면 따끔하게 혼을 내 줄 거야.
그런데 김돈중 놈이 잠자는 호랑이 코털을
건드리고 말았지.

김돈중이 누구냐면 김부식의 둘째 아들이야.
고려를 호령하는 문벌 귀족, 김부식의 아들.
김돈중은 인종 때 과거에 합격해 문신이 되었지.
그런데 예의가 아주 없는 놈이었어.
"장군의 수염도 탑니까?"
이러더니 촛불로 내 수염을 태우더라니까?
그러곤 장난이래.
나, 정중부가 가만히 참고 넘어갈 수는 없었지.
김부식의 아들이고 뭐고,
나는 김돈중을 북어 두드리듯 실컷 패 버렸어.

"감히 문벌 귀족을 이 지경으로 만들다니!"
김돈중의 집은 난리가 났어.
아비인 김부식이 왕을 찾아가 따졌다지 뭐야!
"전하, 제 아들을 때려눕힌 정중부를
가만히 두면 안 됩니다. 매질하게 해 주옵소서."
"김돈중도 정중부의 수염을 태웠으니 잘못이 있네.
정중부를 용서해 주시게."
인종의 설득에도 김부식이 고집을 부렸어.
"못 합니다. 안 해요!"
고민 끝에 인종은 김부식 몰래 나를
도망가게 해 주었어.
도망가지 않았다면 나는 아마
매 맞아서 죽었겠지.
이 일로 나는 김돈중 하면 이를 갈았어.
'김돈중 이놈,
자기가 문벌 귀족이면 다야?'

일단 도망가자!

김돈중같이 새파랗게 젊은 문신이
왕을 지키는 무신의 수염을
태우는 게 어떻게 가능했을까?
그건 차별이 있었기 때문이야.
무신에 대한 차별.
문신은 대부분 집안이 좋았어.
문벌 귀족 집안에서 태어나
음서제나 과거제로 문신이 되었지.
무신은 조금 달랐어.
대대로 군인이었던
집안 출신도 있었지만,
농민 출신 병사 중에서
점점 높은 벼슬로 올라온 사람도 있었어.
출신부터 달리는 데다
학문을 우러르는 분위기가 겹쳐
문신들은 무신들을 얕잡아 보았어.

무신

차별.
이게 사람 속을 얼마나
뒤집는지 알아?
엄마 아빠가 형한테만
신발 사 줘 봐. 엄청 열받을걸?
서럽고, 화나고, 짜증 난다고.
우리도 그랬어.
똑같은 신하인데
문신만 귀하다, 멋지다,
훌륭하다 대우하며
턱턱 높은 벼슬을 주니
속에서 열불이 났어.
높은 벼슬과 권력은 죄다 문신들 차지.
게다가 우리 무신들은 온종일
궁궐을 지켜 봤자 고맙다 인사도 못 받아.
왜 이런 차별을 받아야 해?

무신들이 받는 차별은 왕이 바뀌어도 똑같았어.
세월이 흘러 인종이 눈을 감고 첫째 아들 의종이 왕이 되었거든.
의종은 놀기를 참 좋아했어.
특히 말을 타고 막대기로 공을 치는 격구를 좋아했어.
그 덕에 격구를 좀 하는 내가 대장군까지 올랐지.
그런데 의종은 놀 때 그냥 놀지 않았어.
세 가지를 꼭 지켰어.

첫째, 같이 논다.

혼자 놀면 심심하잖아.
의종은 자기랑 가까운 신하들과
주로 시 짓기를 하며 놀았어.
바로 문신들이랑.

둘째, 좋은 데서 논다.

장소가 시시하면 흥이 안 나거든.
의종은 개경 근처에 놀이할 정자를 잔뜩 지었어.
오늘은 이 정자, 내일은 저 정자
옮겨 다니며 잔치를
벌였어.

셋째, 먹으면서 논다.

잔치에는 맛있는 음식과 향기로운 술이 넘쳐 났어.
의종은 자기랑
가까운 문신들과
먹고 마시며
잔치를 즐겼어.

그동안 시를 잘 짓지 못하는 우리 무신들은
무거운 창칼을 들고 왕을 지켜야 했지.
그것도 하루 종일 쫄쫄 굶으면서
다리가 바들바들 떨리도록 서서 말이야.
진수성찬을 가까이 두고서 떡 한 쪼가리
못 얻어먹었지.

나처럼 지위가 높은 무신은 그나마 나았어.
지위가 낮은 병사들은 봉급으로 받는 땅인 군인전도
제대로 받지 못하고 일을 했어.
봉급을 못 받아 병사들 가족은 굶주리는데
의종과 문신들은 흥청망청.
"배불리 먹고 마음껏 놀 수 있으니,
이보다 더 좋은 세상이 없소이다!"
"하하, 무얼 하며 놀지나 걱정하세!"
왕과 문신들이 이런 말이나 하고 있으니, 원.

이렇게 화가 꾹꾹 차오르던 어느 날,
내 수염을 태워 먹었던 김돈중이 또 사고를 쳤어.
의종이 신하들과 행차를 하는데,
김돈중의 말이 한 병사의 화살통을 친 거야.
화살 하나가 하필 의종의 가마 가까이 떨어졌어.
"으악, 누구냐? 누가 날 노리느냐?"
의종이 비명을 질렀지.

"송구합니다! 실수로 화살을 떨어뜨렸습니다."
병사들이 외치자 의종이 벌벌 떨며 말했어.
"아니다, 누가 날 노린 거야.
그놈을 찾아 혼을 내 주어라!"
그런데 김돈중, 이 여우 같은 놈은
자기랑 상관이 없는 척 뻔뻔하게 굴었어.
결국 아무 죄도 없는 무신 열네 명이
죄를 뒤집어쓰고 귀양을 갔지 뭐야.
어휴, 진짜!
그 뒤로도 놀기 좋아하는 의종은
사흘이 멀다 하고 나들이를 가 흥청흥청 놀았어.
우리 무신들의 한숨은 날로 깊어졌지.

그러던 어느 여름날 밤,
젊은 무신 이고와 이의방이 나를 찾아왔더군.
"정중부 장군님, 문신들은 먹고 놀기 바쁜데
무신들은 굶어 가며 일을 합니다.
이걸 어찌 참습니까?
다들 화가 머리끝까지 나 있어요."
"정중부 장군님, 계획이 있습니다.
저 문신 놈들을 없애고 우리 세상을 만듭시다."
이고와 이의방의 말에 마음이 울컥했지.
나는 한참을 생각하다 둘에게 조용히 말했어.
"내일 전하께서 보현원으로 가 계속 논다면
칼을 들기로 하세."
나도, 다른 무신들도 더 이상 참을 수 없었던 거야.

드디어 다음 날,
의종은 보현원으로 가서 잔치를 벌였지.
'흠, 오늘 칼을 들어야 하는가…….'
그때 의종이 하품을 하며 말했어.
"뭐 재미난 것 좀 없나?
여봐라! 무신들을 불러 수박희 시합을 시켜라!"

수박희는 두 사람이 마주 서서 손으로 상대를 밀치는
무예 대결이야.
"누가 이소응 대장군과 대결하겠느냐?"
젊은 무신이 손을 들었어.
허허, 나이 많은 이소응 대장군과 젊은 무신의 대결이라니.
나는 걱정스러웠어.

역시나, 이소응 대장군이 점점 밀리더니 시합을 곧 포기했어.
"그만! 내가 졌소."
그러자 보고 있던 문신 한뢰가
이소응 대장군의 뺨을 철썩 때리지 뭐야?
"대장군이 왜 이렇게 못해?"
의종과 문신들이 웃음을 터트렸지.
이게 웃을 일이야?
나이도 많은 대장군이 젊은 문신에게 따귀를 맞은 게, 웃겨?
화가 불끈 치밀었어.
다른 무신들 눈에서도 불이 번쩍였지.
나는 참다못해 큰 소리로 호통을 쳤어.

한뢰 이놈!
나이도 어린 녀석이
대장군의 뺨을 때리고
놀리기까지 해?

웃고 있던 의종과 문신들은 그제야 웃음을 뚝 그쳤어.
무신들이 얼마나 화가 났는지 알아챈 거야.

이소응 대장군 사건으로 잔치는 흐지부지 끝났어.
"더 이상은 안 되겠다!"
미리 벼르고 있던 나와 이고, 이의방은 결국 칼을 뽑아 들었어.
우리는 눈빛이 이글거렸지.
"자, 이제 세상을 바꾸자!
복두를 쓴 자는 무조건 죽여라!"
복두는 문신들이 머리에 쓰는 모자야.
우리는 복두를 쓴 문신들에게 칼을 휘둘렀어.

"으아악, 살려 주시오!"
"그럼 우리를 비웃지 말았어야지."
우리는 이소응 대장군을 비웃었던 한뢰도 단칼에 없앴어.
그리고는 곧바로 궁궐로 달려가
눈에 보이는 문신들도 모조리 없앴어.
나를 짜증 나게 했던 김돈중 놈도
산으로 도망쳤다가 목숨을 잃었더군.
우리의 분노는 화산처럼 쾅쾅 터져 나왔어.
수많은 사람이 우리의 칼에 쓰러졌지.
이렇게 우리의 계획은 성공!

하하, 드디어 고려의 권력이 우리 무신들에게 넘어왔어!
"무신들이여! 우리가 새 세상을 열자!"
나는 의종을 왕위에서 끌어내리고
의종의 동생을 왕으로 세웠어.
물론 그 왕은 아무 힘도 없었어.
서슬 퍼런 무신들의 눈치만 보았지.
우리 눈치를 보기는 문벌 귀족도 마찬가지.
문벌 귀족이 판치던 세상은 무신들 세상으로 바뀌었어.
무신들이 권력을 틀어쥔 무신 정권의 시대가 온 거야.

그런데 생각지 못한 문제가 있었어.
우리 무신들은 나라를 어떻게 다스릴지 잘 몰랐어.
그냥 서로 우두머리가 되겠다고 다투기만 했지.
권력을 잡으면 누가 죽이고,
그다음에 또 누가 죽이고…….
이 와중에 나도 권력을 잡았다가
젊은 청년 장수, 경대승에게
죽임을 당했어.

열혈 장수
이의방

60세가 넘은 장수
정중부

좋은 집안 출신 청년 장수
경대승

그 뒤로도 또 다른 장수가 권력을 잡고,
꼬리에 꼬리를 물고
죽고 죽이던 다툼 끝에
최충헌 장군이 최고 권력을 잡았지.

천민 출신 장수
이의민

최충헌

최고의 권력자가 된 최충헌은 고려를 멋대로 주물렀어.
왕을 휙 갈아 치우는가 하면, 자기 집 방에 앉아 나랏일을 했다지.
최충헌이 한 일은 호화로운 집 짓기!

자기 권력을 위협하는 사람 쫓아내기!

자기 권력에 도움이 되는 사람에게는 벼슬 주기!

최충헌은 꼬부랑 늙은이가 될 때까지 잘살았어.
고려 최고의 권력자 자리는 아들 최우에게 물려줬다지.

그런데 최우 때 우리 고려에 큰일이 터지고 말았어.
몽골이 쳐들어온 거야!
최우는 몽골과 싸울 생각은 전혀 안 하고
몽골 군사들을 피할 궁리만 했다지 뭐야.
'어떻게 하면 내 권력을 그대로 지키면서
내 재산을 안 뺏길 수 있을까?'
이런 생각만 하다가 최우는 강화도로 수도를 옮기고,
자기 재산과 병사들을 싹 다 강화도로 옮겼어.
몽골군이 고려 땅을 짓밟든 말든,
백성들이 몽골군에 칼을 맞든 말든,
백성들이 집을 잃고 굶주리든 말든,
그냥 내버려 뒀다지.
최우가 머무는 강화도 궁궐에선 띵까띵까 음악이 흘렀어.
강화도만 딴 세상 같았다나.

이렇게 최씨 정권은 62년 동안이나 이어졌어.
최우의 뒤를 그 아들이, 또 그 아들의 아들이 이었다지.
그 뒤 고려가 몽골이 세운 원나라에 항복하면서
백여 년간 이어진 무신 정권도 끝이 났단다.

고려의 권력이 문벌 귀족에서 무신들에게로 넘어왔지만,
문벌 귀족이나 우리 무신들이나 매한가지였어.
나만 잘 먹고 잘살려고
우리끼리 벼슬을 나눠 가지고, 흥청망청 놀기만 하고.
하, 처음부터 이러려고 한 건 아니었는데.
그러는 동안 백성들 살림살이는 엉망이 되었어.
농민들은 가난과 굶주림에 지쳐 떠돌이가 되거나
산으로 들어가 도적이 되었어.
여기저기서 난도 일어났어.
굶어 죽느니 난이라도 일으켜 세상을 바꿔 보려 한 거야.
무신 정권 기간 내내 크고 작은 난이 일어났지.

다음에는 백성들을 잘 보살필 수 있는 사람들이
권력을 잡으면 좋겠구나!
문신, 무신 이런 것보다
오로지 백성만 생각하는 사람들이
고려를 이끌었으면 좋겠어.

4 권문세족이 득실득실

나는 고려의 왕, 공민왕이야.
왕이라서 좋겠다고?
글쎄……, 사실 고려 왕은 허수아비 같아.
문벌 귀족에게 권력을 뺏긴 뒤로
늘 신하들에게 시달렸어.
처음엔 문벌 귀족에게, 다음엔 무신에게,
지금은 원나라와 친한 자들에게 흔들흔들.
그래도 나는 고려 왕이야.
꼭, 원나라 간섭에서 벗어나 강한 고려를 만들 거야!

고려가 원나라에 항복하자, 원나라는 고려의 나랏일에 깊이 간섭했어. 원나라가 명령하면 그대로 따라야 했지.

"고려는 수도를 강화도에서 개경으로 옮겨라!"
고려는 원나라가 시키는 대로 수도를 개경으로 옮겼어.

"고려 세자는 원나라로 와서 원 황제를 섬겨라!"
시키는 대로 세자도 원나라로 보냈고.

"고려 세자는
원나라 공주와 결혼해라.
이제 고려는
원 황제 사위의 나라다!"
원나라 공주와 결혼한 세자는
고려로 돌아와 고려의 왕이
되었어.

충성 충

이렇게 원나라의 사위가 된
고려의 왕들은
이름에 '충' 자를 붙였어.
이건 원나라에 충성을
다하겠다는 뜻이었지.

원나라는 사위가 된
고려 왕을 통해
고려를 마음대로 흔들려는
속셈이었어.

그뿐만이 아니야.
원나라는 고려에 고약한 요구도 했어.
모피와 비단, 금, 은, 말과 매까지 바치라 했어.
고려 백성들은 원나라에 온갖 것들을 바치느라
고생이 이만저만 아니었지.
심지어 원나라는 고려 여자까지 보내라고 했어.
"금이야 옥이야 키운 딸을 원나라에 바치라고요?"
고려가 발칵 뒤집혔지.
딸 가진 부모들은 딸을 숨기기 바빴어.
꼭꼭 숨겨 키우기도 하고, 빨리 시집보내기도 하고,
스님이 되라고 절로 보내기도 했어.

관리들은 원나라에 보낼 여자를 찾느라 집집마다 뒤지고 다녔지.
그러다 숨긴 딸을 찾기라도 하면,
"어머니, 아버지!"
"아이고, 못 간다. 우리 딸!"
원나라로 끌려가는 딸도 펑펑 울고
보내는 부모도 펑펑 울었어.
온 고려 땅에 눈물의 강이 흘렀어.
원나라로 끌려간 여자들은
궁궐의 궁녀가 되거나 귀족 집의 하녀가 되었어.
어휴, 내가 말하면서도 너무 화가 난다.

그렇다고 고려의 모든 백성들이 불행해진 것은 아니야.
이 와중에 더 잘살게 된 사람들이 있다니까.
그 사람들이 바로 권문세족이야.

권문세족은 왕과 가까운 사람들이거나,
원나라에 붙어 높은 관리가 된 사람들을 말해.
세자를 따라 원나라로 갔던 사람들이며,
원나라 공주와 함께 온 신하들 말이야.
그들은 원나라에 잘 보여서
고려의 높은 자리에 올라 떵떵거리며 살았지.
고려의 높은 벼슬자리는 권문세족으로 꽉 채워졌단다.

그런데 권문세족은 욕심쟁이였어.
무조건 높은 벼슬에 오르려 하고,
땅과 노비 욕심을 어마어마하게 부렸어.
넓은 땅을 가지고도 땅을 더 갖고 싶어서
꼼수로 남의 땅을 빼앗곤 했어.
농민들에게 땅을 빌려주고선 빌린 값을 제때 내지 못하면
노비로 만들어 버리기도 했지.

고려 왕들은 권문세족 때문에 골치가 아팠어.
왕이 개혁 좀 해 보려 하면
권문세족이 원나라에 미주알고주알 일러바쳤거든.
내 할아버지인 충선왕 때도 그랬어.

때마침 충선왕과 결혼한 원나라 공주가 원나라에
이런 편지를 보냈지 뭐야.

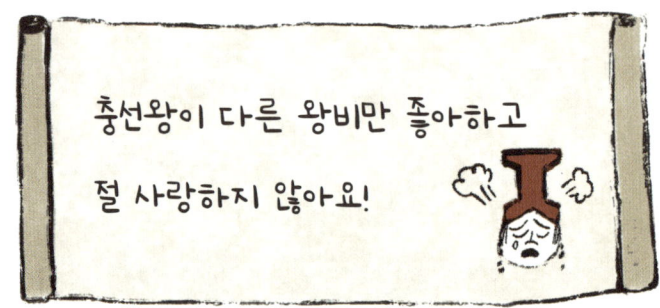

그랬더니 원나라는 그걸 핑계 삼아
충선왕을 강제로 왕위에서 끌어내린 뒤
원나라로 데려가 버렸어.
남의 나라 왕을 마음대로 바꾼다는 게 말이 돼?
그것도 부부 사이가 안 좋다고 말이야.
휴, 고려 왕이 얼마나 힘이 없었는지 알겠지?

나도 어릴 적에 원나라로
건너가서 지냈어.
원나라의 노국 대장 공주와
결혼한 뒤
고려 왕이 되어
돌아왔지.

돌아와 보니, 고려는 문제투성이였어.
나랏일에 힘쓰는 좋은 관리 대신에
권문세족만 득실득실하더군.
"여기도 권문세족, 저기도 권문세족이네."
한숨이 푹 나오더라.

고려를 바꾸려면 권문세족을 밀어내고,
권문세족 뒤에 있는 원나라를 밀어내야 했어.
나는 호시탐탐 기회를 노렸어.
그런데 마침 원나라에 가뭄이 들고,
전염병이 돌아 나라가 어지러워졌지 뭐야.
머리에 빨간 두건을 두른 홍건적도 날뛰었고.
원나라는 고려에 신경 쓸 틈이 없었어.
그래, 이 기회에 후다닥 고려를 바꿔야겠어!

미션 1
바꾸자! 겉모습!

겉모습이 바뀌면 속마음도 달라지잖아?
겉모습을 몽골식에서 고려식으로 바꾸는 게 좋겠어.

백성들이 술렁댔어.

"몽골식 머리 모양을 하지 말라고? 진짜야?"

"그럼! 관리들 옷차림도 고려식으로 싹 바꾸셨대."

"그래야지. 고려 사람은 고려 옷을 입어야지."

그래서 어떻게 바뀌었냐고?

미션 2
밀어내자! 권문세족!

내가 권문세족을 밀어내려 하자
권문세족은 나를 못마땅해했지.
특히 기씨 집안의 기철 일당이 나를 싫어했어.
기철은 원나라 황제 부인인 기황후의 오빠로,
기황후를 믿고 온갖 나쁜 짓을 저질렀어.
자기편을 턱턱 벼슬자리에 앉히고,
남의 땅과 재물을 날름날름 빼앗았지.
"흥, 요새 공민왕이 우리를 밀어내려고 하잖아!
그래 봤자 자기가 원나라 기황후보다 높아?"
기철은 나를 없앨 계획까지 세웠다더군.

나는 그 얘기를 전해 듣고,
내 편인 신하들과 비밀스럽게 의논했어.
"기철을 없앨 방법이 있겠소?"
"전하, 잔치에서 기철 일당을 한꺼번에 없애시지요."
나는 잔치를 열어 기씨 집안 사람들을 궁궐로 초대했어.
기철이 궁궐로 들어오자, 단칼에 기철을 없애 버렸어.
도망가는 기철 일당도 정리했지.
휴, 그제야 속이 좀 시원하더구나.
기철 일당이 사라지니까
권문세족들이 슬슬 내 눈치를 보기 시작했단다.

미션 3
되찾자! 고려 땅!

원나라는 함경도 땅을 백여 년 동안이나
차지하고 있었어.
"여기는 고려 땅이지 원나라 땅이 아니다.
우리 땅을 되찾자!"
나는 그곳을 공격하도록 했어.
"으악, 잡히면 죽는다. 도망쳐!"
함경도 땅을 관리하던 원나라 관리들이 줄행랑을
쳤고, 고려군은 당당히 함경도 땅을 되찾았어.
그래, 여긴 고려 땅이라고!

고려를 착착 바꿔 나가는 동안
나는 하루하루가 살얼음판이었어.
권문세족은 나를 못마땅해했고
원나라 기황후도 나를 미워했으니까.
이렇게 힘들 때, 노국 대장 공주가 옆에 있어 다행이었어.
노국 대장 공주는 다른 원나라 공주들과 달랐지.
나를 믿어 주고 지켜 줬어.
내 목숨까지 구해 줬다니까.
무슨 일이 있었냐고?

내가 홍왕사라는 절에 갔을 때였어.
권문세족이 보낸 자객들이 쳐들어온 거야.
칼을 든 자객들이 내가 있는 방 앞으로 다가온 순간!
그때 노국 대장 공주가 방문을 막아섰어.
"이놈들, 나를 죽이고 가라!"
자객들은 서로 바라보며 속삭였어.
"공주도 없앨까?"
"미쳤어? 원나라 공주를 죽이면 원나라가 가만히 있겠어?"
자객들이 망설이는 사이, 고려군이 달려와
나는 목숨을 구할 수 있었단다.
노국 대장 공주가 나를 구한 거지.
그 뒤에도 기황후가 나를 없애려고
원나라군을 보낸 적도 있었어.
다행히 우리 장수들이 잘 물리쳤고.
아찔아찔하지?

이놈들! 여기가 감히 어디라고!

어쩌지?

…….

어려움 속에서도 나는 버티고 버텼어.
고려를 위해,
사랑하는 노국 대장 공주를 위해.
그런데 노국 대장 공주가
아이를 낳다
그만

⋮

죽고 말았어.
나는 공주도, 아기도 모두
잃었어.

공주!
가지 마시오!

세상을 다 잃은 것 같았어.
슬픔을 견디기가 힘들더라.
나는 날마다 노국 대장 공주 초상화만 들여다봤어.
"공주, 먼저 가면 어쩌오. 당신이 보고 싶소."
눈물이 뚝뚝 떨어졌어.
나는 밥 먹을 때도 공주의 초상화를 앞에 두었어.
"공주, 같이 먹읍시다."
초상화 속 공주는 대답이 없더구나.
노국 대장 공주,
보고 싶소.

나는 노국 대장 공주를 잃자 고려를 바꿀 힘도 잃고 말았어.
그래서 믿을 만한 사람을 불렀어.

나는 오래전부터 신돈을 알고 지냈어.
신돈은 수수하고 욕심이 없었어.
게다가 지혜로우면서 고려를 생각하는 마음이 깊었지.
"신돈! 고려는 여전히 권문세족이 판을 치고 있소.
자기들끼리 서로서로 밀어주고 봐주고 있으니, 원.
그러니 그들에게 고려를 맡길 수는 없소.
하지만 나는 그대를 믿소.
그대가 고려를 새롭게 바꿔 주시오."
"전하, 노력하겠습니다."
역시 신돈은 듬직하게 대답했지.

내 뜻을 받들어 신돈은 백성들을 위한 관청을 만들었어.
"억울하게 땅을 빼앗기거나
억울하게 노비가 된 사람은 관청에 알리시오.
관청에서 되돌려주겠소."
백성들은 깜짝 놀랐어.
"진짜로 땅을 되찾아 줄까요?"
"그렇대요. 우리 친척도 빼앗겼던 땅을 돌려받았대요."
"억울하게 노비가 됐던 이웃도 다시 풀려났대요."
신돈의 노력 덕에 권문세족의 힘은 약해지고
백성들의 삶은 나아졌어.

신돈은 성균관도 손보았어.
성균관은 본래 고려 최고의 교육 기관이었는데,
몽골의 침략으로 망가져 있으나 마나 한 곳이 되었지.
신돈은 성균관을 고쳐 유학자들을 길러 냈어.
이들은 과거 시험을 통해 관리가 되었는데,
이들을 신진 사대부라고 해.
권문세족을 대신할 새로운 사람들이 나타난 거야.
일이 술술 잘 풀리는 것 같다고?
땅과 노비를 잃은 권문세족이 가만있지 않았지.
"신돈이 왕보다 위에 있는 것 같아."
"신돈 인기가 하늘을 찌르는데 공민왕도 불안하지 않겠어?"
"신돈이 왕위를 넘본다고 찔러 보자."

어느 날, 권문세족이 나에게 은밀히 말하더군.
"전하, 신돈이 전하를 배신하려 합니다."
나는 설마설마하면서도 신돈이 의심되지 뭐야.
솔직히 백성들이 신돈을 너무 좋아하니까 걱정도 되었어.

어떻게 할까 고민하다 결단을 내렸어.
"신돈을 잡아 유배 보내라!"
나는 그곳에서 신돈을 사형시키고 말았지.

내 실수였을까?
신돈이 죽은 뒤 고려를 바꾸려는 내 노력도 끝내 멈추고 말았지.
그로부터 3년 뒤에
나도 신하들에게 죽임을 당했거든.
휴, 돌이켜 보니 고려를 쥐락펴락했던 사람들이 참 많구나.
집안을 중시한 문벌 귀족이며,
차별에 들고일어난 무신들,
원나라와 가까이 지낸 권문세족까지.
이들은 권력을 가지고 많은 욕심을 부렸어.

그래도 희망은 있어.
새 정치, 새 변화를 꿈꾸는 사람들이 있으니까.
나는 믿어.
그들이 새로운 세상을 열어 갈 거라고.

재미만만 한국사
고려 역사는 흐른다

- **993년** — 거란 1차 침입, 서희의 외교 담판.
- **1019년** — 강감찬, 귀주 대첩.
- **1126년** — 이자겸이 난을 일으킴.

- **1270년** — 개경으로 수도 다시 옮김.
- **1251년** — 팔만대장경 완성.
- **1351년** — 공민왕, 왕위에 오름.

개경으로 다시 가자!

묘청의 서경 천도 운동.

"수도를 서경으로!"

1135년

무신 정변 일어남.

강화도로 수도 옮김.

무신들 세상이다!

1232년

1170년

이성계, 위화도 회군.

1388년

고려 멸망, 조선 건국.

1392년

글 오주영

대학에서 문예창작을 공부한 뒤, 『이상한 열쇠고리』로 제13회 창비 좋은어린이책 원고 공모 저학년 부문 대상을 받으며 작품 활동을 시작했습니다. 쓴 책으로는 『거인이 제일 좋아하는 맛』, 『다람쥐 무이의 봄』, 『제비꽃 마을의 사계절』, 『수학왕 바코』, 『우주 토끼의 뱅뱅 도는 지구 여행』, 『빨간 여우의 북극 바캉스』 등이 있습니다.

그림 박정인

서울대 디자인학부에서 그림도 그리고 만들기도 하고 공부도 했습니다. 『아낌없이 주는 나무』와 『어린 왕자』같이 따뜻하고 마음을 움직이는 그림책을 그리기 위해 오늘도 부지런히 펜과 종이를 들고 씨름하고 있는 재미있고 동그란 일러스트레이터입니다. 그린 책으로는 『유쾌한 기호 이야기』, 『도깨비 감투』, 『커다란 순무』, 『오로라 탐험대, 펭귄을 구해 줘!』 등이 있습니다.

감수 하일식

연세대학교 사학과를 졸업하고, 같은 학교 대학원에서 고대사를 연구하여 박사 학위를 받았습니다. 현재 연세대학교 사학과 교수로 학생들을 가르치고 있습니다. 쓴 책으로는 『신라 집권 관료제 연구』, 『경주 역사 기행』, 『한국 고대사 산책』(공저), 『고려시대 사람들의 삶과 생각』(공저) 등이 있습니다.